AF360236

ÉTUDE ANALYTIQUE

SUR L'ORIGINE

DU LANGAGE

ET

LA LANGUE PRIMITIVE

Quand on voyage en Orient, quel que soit le point où l'on se trouve dans le bassin méditerranéen, la mer Noire, la mer d'Azoff, en un mot dans tous les parages où se sont passés les grands événements de l'antiquité biblique, grecque ou latine, on se heurte à chaque pas, si l'on est familiarisé avec les divers idiomes qui se rattachent à la source celtique, à des noms auxquels il est difficile d'attribuer une autre origine. *Argos* (la vieille ou la légende), *cos* (vieille); *Pasiphaë*, euphonie usuelle de *pas-i-paë* (ne pas le payer), sont du celte le plus pur.

Soit que les noms que l'on entend prononcer, tant comme noms propres que dans le langage usuel, aient une date ancienne ou une origine moderne, les *sons* que perçoit l'oreille produisent toujours la même illusion.

1

Des amis du regretté voyageur Lejean nous ont affirmé lui avoir également entendu dire qu'il avait, lui aussi, fréquemment éprouvé cette impression.

Un autre fait vous frappe encore. Le nom de Kersonèse, dont on ne peut guère contester la provenance : *ker-son-eso* (village à pic, escarpé il y a) se retrouve sur les points les plus éloignés de l'ancien monde. La Kersonèse Tauride, en Crimée, avec la ville de Kerson; la Kersonèse de Thrace dans les Dardanelles ; la Kersonèse Cimbrique dans le Jutland ; enfin la Kersonèse d'Or dans l'Inde. Que l'on joigne par l'imagination ces quatre points entre eux, et, nous le demandons, n'obtient-on pas la marche suivie par les diverses peuplades qui, se dispersant après Babel, *bé-a-bel* (sois au loin), *béa-bel* (être loin), *bé-a-bel* (tombeau au loin) ou *bé-ab-el* (sois sans ange) sont allées, obéissant à leurs aspirations diverses ou à leur caprice, vers l'extrême Orient ou l'extrême Occident.

Nous voyons encore le mot kermesse, *ker-émes-es-é* (village dehors facile), servir de nom dans le Nord aux assemblées populaires : nous le voyons encore désigner dans le Midi le chêne à kermès, *kaer-é-mès* (beaux ses glands), ou le produit pharmaceutique *ker-émès* (va dehors), dont les propriétés expectorantes sont connues.

L'Averne, fleuve ou marais de la Mythologie, nous fournit en Armorique *Meil-Avern* (Port-Launay), du marais qui lui sert d'emplacement ou de la rivière l'Aulne qui baigne ses murailles ; en celte *vern*, euphonie habituelle de *guern*, veut dire marais ou aulnaie.

Le *ben* des Arabes est-il bien éloigné du *pen* celtique, ou *chef* (prononcez *kef*), qui veut dire tête.

Sidi (seigneur) n'a-t-il pas de liens de parenté avec le celte *e-si-dei* (sa maison à eux), ou *e-si-di* (sa maison là). Ces deux phrases n'impliquent-elles pas l'idée de chef de famille et de propriété ?

Le *douar* arabe qui signifie village, diffère-t-il du *douar* celtique, qui veut dire terre ?

Enfin si l'Orient a Karnak et ses ruines, l'Armorique a Karnak et ses menhirs.

Le salut oriental *salamalechoum ?* Mais rendons aux lettres *s* et *l* la valeur phonétique qui leur est naturelle et l'inscription première devient une phrase qu'un enfant traduira littéralement : *e-sael-a-ma-e-lec'h-oum* (en regardant il est où je suis), ou *e-sael-ama-e-lec'h-oum* (en regardant ici où je suis). Est-ce un contre-sens en fait de formule de salut ? Nous examinerons plus tard la consanguinité entre deux traductions de la même inscription. *Salamalechoum :* l'une en celte, que nous donnons plus haut ; l'autre en langue orientale : le Seigneur soit avec toi ; c'est-à-dire la traduction des mêmes signes en deux langues, l'une celte, l'autre la langue ancienne ou moderne, à laquelle l'inscription appartient.

Nous croyons aussi devoir employer le mot *inscription* pour dire *nom, mot* ou *phrase,* parce que ce terme rend mieux notre pensée et rentre mieux, à notre avis, dans le cadre où nous nous mouvons ; nous justifierons d'ailleurs l'emploi de cette dénomination.

Le muezzin, qui du haut du minaret qui l'abrite rappelle aux fidèles l'heure de la prière ou prévient des incendies ? Rendons à chaque consonne la valeur phonétique qui lui appartient, autrement dit rendons à l'inscription le corps entier dont elle n'est que l'image mutilée, nous aurons à écrire *em* pour *m, en* pour *n* et *zed* ou *zedeu* pour *z.* Nous obtiendrons ainsi la forme *ém-u-é-zédeu-zéde-i-en,* ou *e-muez-e-deuze-dei-en* (sa voix venait à eux dans), traduction littérale en celte ; et pour mosquée, en procédant de même, mais en observant que le son *q* n'existe pas en celte et que c'est *ch* ou *k* qui le remplace et que la voyelle *u* se prononce en celte *u, eu, ou*. Nous obtiendrons alors pour mosquée *em-o-es-ch-ou-ée*, ou *e-moes-chouée* (sa voix tombait), ou encore, *e-moes-kuée* (sa voix cachée), ou encore, *e-moes-kao-ue-e* (sa voix trouve aussi c'est).

Nous ne citons, pour chaque inscription, qu'une seule traduction d'ordinaire, ne voulant qu'indiquer dès maintenant notre but et notre méthode.

Les lazareth, si nombreux sur cet ancien itinéraire, au moyen-âge, de la peste et de son lugubre cortége, nous donneront, en procédant toujours de même, *el-a-zede-a-er-e-te-ach*, ou *e-lazed-ea-e-re-teac'h* (lui tué il est, il fait fuir, s'en aller).

Passons maintenant à d'autres idiomes et à d'autres périodes.

La Sicile nous rappelle deux souvenirs classiques saillants : Archimède et son *Eurèka*, Empedokles ou Empedochles, ses sandales et l'Etna.

Pour Archimède, *Eurèka* en celte ne change pas de signification. *Eur-re-kav* (une chose trouve).

Quant à Empedokles, la reconstruction même partielle nous donnera *em-pede-o-kae-eles* (il nous priait de le trouver, tu pouvais), ou *emp-edo-kae-les* (il était besoin, trouver, laisser), et Etna n'a que deux décompositions *e-te-en-a*, ou *et-e-ena* (allé il est dedans), ou *e-tena* (en retirant).

Ne sont-ce pas là les deux légendes, en quelques mots, de ces deux chercheurs antiques : l'un voulant dérober son secret à l'abîme ; l'autre, plus heureux, trouvant la solution qu'il cherchait ?

L'Ithaque appelle le souvenir de Laërte et d'Ulysse. *Laer-te* (voleur toi), *e-laër-teu* (en voleur vient), double acception s'appliquant assez bien, il nous semble, au rusé Grec qui ne brillait pas comme type de probité, ou aux prétendants de Pénélope, même au retour d'Ulysse.

Plus tard nous verrons le Christ entre deux larrons ou, en rendant à l'inscription sa forme réelle, *el-a-er-er-o-en-es, e-laer-ero-enes* (en voleur arrive celui-là), ou *laeron* (des voleurs), s'appliquant au supplice ignominieux ou à la qualité de ses compagnons.

Rappelons en passant que, pour la Grèce, son alphabet écrit polysyllabique, peut se trouver mêlé aux inscriptions qui la concernent ; les recherches n'en seront pas plus difficiles, les appellations qui y sont employées étant des phrases celtiques très-faciles à traduire comme nous le justifierions au besoin.

Marathon ne va pas sans son soldat tombant mort en annonçant la victoire. Appliquons le même procédé synthétique et nous obtiendrons pour Marathon *em-a-er-a-te-ach-o-en*, ou *ema-e-ra-teac'h-oen* (celui-ci il fait partir), ou s'en aller ils étaient), ou *em-a-er-a-teuac'h-oen* (besoin sans s'arrêter il viendrait, ils étaient) ; si nous écrivons *ero* ou *ro* pour le signe *r*, nous obtiendrons *e-maro-a-teuac'ho-en* (sa mort viendra dans), ou *ema-roa-teac'h-en* (celui-ci donna partir dans).

Thémistokles donne *te-ach-em-i-es-te-o-kles*, ou *teac'h-emi-es-te o-kles* (va-t'en, dit-il, facile, toi tu écoutes), et Salamine *es-a-el-a-em-i-en-e*, ou *e-saela-em-i-ene* (en regardant besoin là celui-là).

Aristide, chassé de sa patrie, *a-er-i-es-te-i-de* ou *a-er-i-es-te-i-deu* (sans t'arrêter là, tranquille ou facile toi tu viens), et le mot français sandale, *es-a-en-de-a-ele* ou *es-a-end-e-aële* (facile en route il éventait), ce qui prouve que la traduction française est bien la reproduction de l'idée du mot originel.

Tenedos et Laookon ou Laoochon, *el-a-o-o-ka-o-n* ou *e-lao-*

o-kao-en (le tuer il le trouvera dans), ou *e-lao-o-c'hon* (le tuera en allant), ou *e-lao-oc'h-oen* (en tuant votre race), et pour Tenedos *teu-e-en-e-deu-o-es*, ou *teué-éné-deuo-es* (venait celui-là viendra facile).

Ero, Leandre et Propontide. *Ero* (venir, ou sillon), *e-ro* (qui donne).

Leandre, *el-e-a-en-deu-er-e*, ou *e-lean-deu e-re* (l'ensevelir viennent les siens).

Propontide, *pe-ero-pe-ont-i-dè* (en venant ou allant là au jour), ou *pe-ero-pe-ont-i-deu* (ou allant ou venant il vient).

Le nom moderne de Marmara complète le récit, *em-a-ro-em-a-er-o-a*, ou *e-maro-ema-e-roa* (sa mort celui-ci donna).

Pour nos traductions, nous nous servons toujours du breton usuel de Cornouailles ou de Léon, et nos traductions sont littérales.

Le Pallus-Méotide. *Pe-a-el-el-ou-es-em-e-o-te-i-deu*, ou *pe-ael-e-lcues* ou *lous-e-meo-te-i-deu* (si du vent est sale, en homme ivre tu y viens); la mer Putride enivre encore aujourd'hui, elle donne la fièvre et le vertige quand on est exposé à ses émanations.

Dans cet exposé nous n'avons voulu qu'une chose : indiquer tout d'abord et notre but et la méthode unique et uniforme que nous suivons.

Avons-nous besoin de dire que dans tout notre travail nous avons soigneusement écarté tout esprit de chauvinisme, ne nous inquiétant pas de savoir si les radicaux que nous cherchions et dont nous faisions usage, étaient ou devaient être celtiques, chinois ou caraïbes ? Nous voulons dégager les inconnues d'une équation et faire de l'analyse d'une façon aussi impartiale que possible.

Tout d'abord il est nécessaire de remarquer que notre

travail analytique ne peut porter que sur la période où les langues subissent le plus possible l'influence phonétique, c'est-à-dire la période *parlée* si nous pouvons ainsi dire, quoi-qu'elles emploient depuis bien longtemps déjà les caractères dessinés, autrement dit l'écriture.

Le grec s'est trouvé dans ce cas presque jusqu'au siècle de Périklès; le latin n'a dû sa forme définitive qu'aux grands écrivains du siècle d'Auguste; quant au français, avant Malherbe et ses successeurs, il s'écrivait avec une fantaisie charmante : l'oreille était le seul maître que l'on craignît de choquer et auquel on obéît. Dans l'écriture des noms propres c'est encore aujourd'hui l'alphabet phonétique que l'on suit souvent.

N'est-il pas, en effet, naturel de chercher les causes d'une langue et les règles qui la régissent à une époque rapprochée de son origine, au lieu de se perdre dans les exceptions sans nombre qui accompagnent toujours la période de maturité où les peuples qui la parlent se dirigent vers la décadence, en vertu de la loi naturelle qui régit les sociétés comme les individus?

Quand on veut savoir d'où vient un fleuve, il serait par trop paradoxal de se diriger vers son embouchure.

Quand on examine de près tous les idiomes, on remarque que leurs lois constitutives sont identiques.

La pensée se traduit d'abord en son vocal, avant d'être reproduite, plus tard, en signes de convention dessinés, nommés lettres ou syllabes.

On a donc commencé par s'arrêter sur le choix d'un alphabet phonétique composé d'articulations les plus sim-ples, répondant chacune à un certain nombre d'idées simples elles-mêmes, monosyllabes, si nous pouvons ainsi dire, dont ce son alphabétique était la traduction de convention toujours constante; ce son était donc destiné à représenter, *mais dans son intégralité*, l'ensemble d'idées simples dont il était l'*unique* et complète traduction.

Plus tard, quand des caractères dessinés seront venus, dans les langues écrites, rendre la transmission plus aisée pour les grandes distances, ce nouvel état de choses n'aura fait que se conformer aux principes déjà établis pour le commerce oral. Rien n'est donc changé à notre raisonnement.

Ce fait acquis : *la loi des combinaisons*, s'appliquant d'abord dans la pensée, puis d'une façon insconsciente, par suite de l'habitude, dans la traduction orale, permit de former, avec les éléments phonétiques alphabétiques, des mots qui n'étaient que la reproduction mathématique de la collection d'idées simples correspondantes, une reproduction photographique, si l'on peut dire, dans leur totalité et dans chacun de leurs éléments. Chaque mot a ainsi une valeur d'ensemble qui n'est que la combinaison, dans un ordre donné et fixe, des valeurs simples et unités qui l'ont formé; ces éléments simples jouent bien leur rôle dans la composition totale, mais sans perdre leur valeur propre laquelle, cela est évident, ne peut jamais être en contradiction avec le sens total qu'ils ont aidé à former; sans cela ils n'avaient aucune raison d'être employés et ne devaient pas l'être.

C'est donc dire qu'en décomposant un mot en ses sens moléculaires, c'est-à-dire alphabétiques, on est sûr de trouver tous les sens partiels qui le composent ; l'ordre dans lequel ils ont été groupés pour obéir à la pensée créatrice, indique et limite le nombre de combinaisons qui ont aidé à cette formation; ainsi 937, inscription numérique, contient les éléments simples 9.3.7 avec leur valeur absolue et leur valeur relative neuf cent trente et sept et, de plus, que l'on prenne 900+37, ou 930+7, ou 900+30+7, on est sûr de n'être jamais en contradiction avec la vérité et d'arriver toujours au sens total 937, total et ordre intacts. Dans le langage usuel tout se passe de même; un mot contient tous les sens moléculaires, et ne contient qu'eux, combinés dans *l'ordre où on les a groupés* pour rendre la pensée dont ils sont la traduction. Ils ont ainsi, comme les chiffres, une valeur absolue et une valeur de circonstance due à leur position du moment, qui est une valeur relative importante comme fonctionnement. Comme on le voit, l'analyse peut s'appliquer aux langues aussi sûrement qu'à tout ce qui nous environne, et avec la même précision.

L'application de ces principes est visible à première vue dans les langues où *un signe unique correspond à un seul son et à une pensée unique*. Les études analytiques y sont des plus faciles, et la source unique des divers systèmes qui se rattachent au même ordre d'idées est très-aisée à apercevoir.

Le premier qui a compté sur ses doigts jusqu'à dix, en prononçant dans le langage qu'il parlait les sons correspondant à *un, deux, trois, quatre;* etc., *dix,* puis, avec l'aide de la loi des combinaisons, y a joint les noms complémentaires, *vingt, trente,* etc., *cent, mille,* a du même coup établi une langue complète, non-seulement *se traduisant elle-même, mais encore permettant de traduire avec une égale facilité les autres langues à origine commune, provenant d'elle par conséquent, mais qui, pour une raison quelconque de convenance, n'emploient qu'une partie de ses éléments constitutifs, tout en obéissant par ailleurs aux mêmes lois organiques.*

Ainsi un enfant sachant bien ses éléments d'arithmétique passe facilement du système source primitive, à base *dix,* dans les systèmes à base inférieure, parce qu'il en connaît l'alphabet numérique, qui n'est qu'une partie de celui à base dix, et les règles qui régissent tous ces systèmes à origine commune.

Le passage inverse de l'inférieur au supérieur, demande, au préalable, que l'on connaisse tous les éléments alphabétiques manquant à l'inférieur, et qui sont dans le supérieur, les règles autres restant d'ailleurs les mêmes dans les deux.

On a donc dans l'alphabet numérique du système le plus élevé les éléments d'une langue numérique *universelle* pour les langues numériques qui n'emploient pas d'autres caractères étrangers et obéissent aux mêmes lois.

Les autres langues sont, pourrions-nous dire, les branches de l'arbre dont la langue à alphabet total est le tronc.

L'adoption de signes dessinés, de l'écriture en un mot, ne changera rien à cet état de choses ; c'est un agent de transmission plus commode pour tout un ordre de conventions, voilà tout.

Dans la langue *musicale*, tout se passe d'une manière analogue. L'harmonie règle la loi des accords ; la loi des combinaisons intervient encore avec son rôle vivifiant. C'est encore là une langue universelle à origine *unique* se prêtant aux goûts variés ou aux tempéraments divers des peuples qui la cultivent, mais toujours facile à suivre dans toutes ses applications, depuis son point de départ unique, quel qu'il soit, jusqu'à nos jours.

Dans la langue des couleurs, le premier qui a cru devoir donner aux couleurs qui se fondent dans le spectre solaire, et sont distinctes dans l'arc-en-ciel, les noms correspondant à *violet, indigo, bleu, vert, jaune, orange* et *rouge*, n'a eu qu'à appliquer la loi des combinaisons à l'emploi de ces couleurs pour constituer encore une nouvelle langue universelle ne perdant jamais son cachet d'unique origine et ne permettant guère qu'on le conteste.

Enfin, à quelque branche que l'on s'adresse dans les sciences et les arts, nous nous trouvons toujours en présence des mêmes faits : point de départ unique, analogie dans les moyens d'exécution, pour arriver à un résultat identique : *la variété dans l'uniformité et l'unité d'origine*, dont l'ensemble des œuvres de la création, dans lesquelles nous ne sommes qu'un infime grain de sable, nous donne partout et toujours la splendide image depuis l'ensemble des brins d'herbe jusqu'à l'ensemble des étoiles.

Nous verrons ainsi Euclide faire des mathématiques comme Descartes; Appelle de la peinture comme Raphaël; Hipparque et Ptolémée de l'astronomie comme Galilée, Keppler et Newton; David, Amphion, Orphée de la musique primitive, sans doute, mais que leurs contemporains écoutaient avec autant d'avidité que nous celle de nos virtuoses modernes.

Au point de vue du langage usuel une exception se produit.

La langue mère a été cherchée par beaucoup; l'idée en a été défendue avec ardeur et combattue avec un acharnement égal.

Nous pensons que le doute sur ce point intéressant vient d'une étude incomplète de la question. La constitution même du langage à son origine nous a paru avoir été l'objet d'un oubli complet ; c'est ce qui nous a engagé à porter sur ce point tous nos efforts et toute notre attention.

Dans les cas que nous avons examinés plus haut on n'a eu à prévoir que des besoins accidentels d'une étendue limitée et constante; il n'était donc pas nécessaire de leur appliquer dans toute leur intégralité les éléments qui constituaient, depuis *longtemps déjà*, l'ensemble des lois organiques du commerce oral.

Il est de toute évidence, en effet, que les hommes se sont servis de la parole pour l'usage quotidien bien longtemps avant de faire de la musique raisonnée, de prévoir l'emploi des couleurs ou de trouver une utilité à l'arithmétique.

Le problème était plus simple, l'expérience étant déjà acquise; plus simples aussi devaient être les moyens à employer.

Quand il s'est agi des besoins, à chaque instant répétés, de l'existence, besoins appelés à aller toujours croissant avec le mouvement ascensionnel de la population, le problème qui consistait à établir sur une base solide et pratique le langage, cet élément si important pour les relations des hommes entre eux, se compliquait évidemment des difficultés suivantes : 1° Rendre l'emploi du moyen d'un usage simple et des plus aisés ; 2° en perpétuer le souvenir ; 3° prévoir le nombre immense d'applications diverses auxquelles on serait appelé à satisfaire. En un mot, mettre à côté d'un besoin de premier ordre un agent parfait jusque dans ses moindres détails, c'est-à-dire faisant à la fois vivre les autres mais pouvant se passer au besoin d'auxiliaires.

Nous n'avons pas à examiner la cause qui a pu engager l'auteur du langage à joindre aux sons articulables quand ils sont isolés, nommés *voyelles*, d'autres sons muets quand il ne sont pas accompagnés de l'un des premiers; ces seconds sons nommés *consonnes*.

Une pareille étude est plutôt du domaine des spécialistes qui peuvent étudier l'organe que l'homme tient du Créateur.

Nous nous contenterons d'étudier les résultats, sous la forme d'alphabet phonétique, et les conséquences qui s'en sont suivies ; c'est-à-dire d'étudier avec soin la réunion des *corps simples* du langage et les applications que l'on en a faites.

Combiner ces éléments était naturel, donner à chaque son plusieurs sens différents l'était également ; le nombre des combinaissons s'accroissait ainsi dans des proportions incalculables. L'euphonie pouvait même venir encore modifier les acceptions des éléments primitifs et augmenter de nouveau le nombre possible des mots. Mais une difficulté pratique restait à vaincre.

En combinant ensemble les éléments primitifs sous leur forme véritable et intégrale, le fréquent voisinage de deux voyelles rendait la prononciation difficile et les mots interminables. L'élision de l'une des voyelles se commandait donc comme opération fréquente. Il était tout naturel de la réglementer et d'en faire une des assises du système d'ensemble.

La loi des combinaisons s'appliquait aussi bien à des sons tronqués qu'à des sons pleins.

Le langage restait aussi intelligible, mais à une condition très-essentielle : que l'on ne perdît pas de vue ce point fondamental base de tout l'édifice et adopté également par tous les autres systèmes qui en dérivent.

On pense *beu, deu, feu*, etc., et l'on écrit ou prononce *b, d, f*; on gagnait à l'élision réglementée un temps précieux et des facilités de prononciation, mais on comprend toute l'importance qu'il y avait à ne pas perdre de vue cette véritable *clef* de la forme réduite, sorte d'inscription orale, sous laquelle chaque collection d'idées simples, nommée mot, se présentait dans l'usage.

Cette synthèse était toujours aisée à refaire, au besoin, la consonne indiquant toujours dans quelle mesure chaque synthèse partielle devait se pratiquer et dans quels cas.

La personne initiée à ce détail si essentiel pouvait à volonté faire ce travail, presque sans s'en rendre compte, absolument comme chacun de nous voit sa main obéir au travail de la pensée sans qu'il soit besoin de se rendre compte de la liaison qui existe entre les deux.

La personne qui l'ignore, au contraire, ou qui n'en tient pas compte, se trouve en présence d'une énigme continuelle et d'autant plus indéchiffrable que la difficulté qu'en présente la solution en est d'une irrégularité continuelle; le labyrinthe est inextricable, à chaque instant on est en présence de ressemblances réelles avec le sens que l'on cherche, à chaque instant aussi le terrain vous manque entièrement quand on veut généraliser le fruit de ses recherches pour établir une règle fixe.

La clef était d'autant plus difficile à trouver qu'on la cherchait partout, excepté où elle était, c'est-à-dire au grand jour, où elle ne se dissimulait nullement, renouvelant l'épisode de la lettre volée d'Edgard Poë.

Quelques exemples prouveront, mieux que des phrases, cette intermittence dans la difficulté que présentaient les recherches étymologiques.

S'agissait-il de Seléné, lune, ou de Sel pour la femme de Loth, on avait l'évidence à l'œil: *sel-en-e* (regarde dans ciel), ou *sel-ene* (regarde celui-là), et, pour l'anecdote biblique, *sel* (regarde), ou *e-sel* (en regardant).

Mais s'agissait-il de cas où la consonne n'était que rarement accompagnée de sa voyelle habituelle ou ne l'était pas du tout, Nabuchodonosor par exemple, ou encore quand un vrai déguisement venait, comme dans Amphytryon, mettre une lettre non employée, *y*, à la place de *u*, d'un emploi constant, on voit tout de suite l'impossibilité apparente d'arriver à un résultat satisfaisant. C'est pourtant un jeu bien simple avec la clef que nous donnons plus haut.

Reconstruisons ces inscriptions dans leur état premier

par notre procédé ; nous aurons : *en-a-be-u-ch-o-deu-o-en-o-sor*, ou *ena-beuc'h-o-deuo-en-o-sor* (là, dans vache viendra à leur porte). Nous verrons plus tard, à sa place, Babylone et *mané, tésel, pharès* compléter le récit légendaire.

Pour Amphytryon, remplaçons *y*, qui n'existe pas en celte, par *u* son remplaçant habituel, et procédons de même ; nous obtiendrons *a-em-pe-ach-u-te-ero-u-o-en*, ou *a-em-pe-achu-te-erouo-en* (nécessaire quand fini toi arriver dans), ou *a-em-peac'hu-te-erouo-en* (nécessaire vous auriez arriver dans), ou encore *a-em-peac'h-out-erouo-en* (nécessaire paix tu es arriver dans) si *u* est prononcé *ou*. Amphyon est un exemple semblable : *a-em-pe-ach-u-o-en*, ou *a-em-pe-achuo-en* (nécessaire qu'il finisse dans), ou *A-em-peac'h-vo-en* (nécessaire paix sera dans).

La conséquence immédiate du système adopté pour le langage était de constituer une méthode mnémotechnique admirable.

Le sens reproduit dans sa forme totale, étant bien la reproduction fidèle de la pensée créatrice au moment de sa formation, contient *tout ce qu'elle a voulu y mettre*, et *rien que ce qu'elle a voulu y mettre*, et la double valeur *absolue* et *relative* des sons qui y sont employés donne à chaque interprétation, quand elle est fidèlement reproduite, une forme fixe qui est vraie, quelle que soit la distance qui sépare le moment où on l'examine de celui où on l'a créée. Dans la langue des chiffres cette vérité est tellement évidente qu'elle n'a pas besoin d'être formulée dans la langue des sons, appelée langage usuel ; les principes sont identiquement les mêmes, le nombre des sens alphabétiques est bien plus considérable, partant le nombre des combinaisons infiniment plus grand comme possibilité, si l'on peut dire ; mais là est la seule différence, et comme dans cette langue, aussi, le sens total est la somme des sens partiels, c'est-à-dire que deux et deux font quatre, ni plus ni moins.

Dans le langage usuel, cet avantage est peu important; en dehors des études philologiques, il est peu intéressant de savoir si l'idée première qui a donné naissance à telle ou telle inscription est ancienne ou récente. Mais, en matière historique ou au point de vue traditionnel, c'était au contraire presque une question de vie, et il était indispensable de l'utiliser en faisant des inscriptions servant au récit de tel ou tel fait dont on voulait conserver le souvenir, non-seulement les témoins du fait, mais encore les agents de transmission.

C'était et c'est là un principe général, mais dont l'application est surtout sensible quand on se trouve en présence des noms propres à signification, surtout quand un événement connu de tous paraissait en conserver la mémoire, tandis que c'était lui qui remplissait ce rôle avant l'écriture ou l'imprimerie.

L'oubli de ces principes fondamentaux a seul pu empêcher ce chercheur intrépide, qui s'appelait Le Brigant, de trouver la solution du problème de toute son existence quand il la touchait du doigt.

Il faisait servir ses vastes connaissances littéraires à l'étude des applications, alors que le principe dont elles sont la conséquence est essentiellement mathématique, et n'a de littéraire que l'expression des sons alphabétiques, absolument comme dans la numération, si l'on employait les mots *un*, *deux*, etc., au lieu des signes 1, 2, 3, etc.; et il oubliait que c'était d'abord ce principe même qu'il fallait élucider. Son insuccès a été doublement fâcheux : pour lui, d'abord, qui méritait mieux à coup sûr, en récompense de ses travaux ; pour ses successeurs, en laissant, dès le début, comme héritage, un découragement naturel en pareille circonstance à ceux qui veulent vous suivre.

L'analyse peut donc, dans les conditions ci-dessus, s'appliquer au langage avec ces corps simples, qui s'appellent termes de l'alphabet phonétique, à signification simple ou multiple, mais toujours fixe et invariable. On a, en effet, une loi de fonctionnement fixe et connue, une cause créatrice liée au résultat par des éléments déterminés et des lois uniformes. Rien n'est plus facile que de trouver un des éléments du problème si l'on connaît les autres.

Dans la langue celtique, l'alphabet s'est conservé intact; c'est une langue exclusivement parlée, obéissant aux lois ci-dessus; il était donc naturel que nous dussions appliquer la méthode que nous venons de détailler avec cet élément que nous avions sous la main.

Si une chose peut nous surprendre, après des applications biens multipliées dans toutes les circonstances, c'est le peu d'altérations subies par la langue elle-même, après l'énorme intervalle qui la sépare de son origine; elles sont à peine sensibles.

Les Celtes n'ont jamais eu recours d'une façon suivie aux caractères écrits; ils possédaient bien des éléments de vitalité, puisqu'ils purent résister longtemps aux maîtres de l'univers à l'apogée de leur puissance. Le culte de la tradition devait être chez eux poussé bien loin, puisqu'ils ne faisaient usage que d'armes primitives que l'on retrouve dans le sol des pays qu'ils fréquentèrent, alors que des engins bien plus meurtriers étaient en usage depuis longtemps chez leurs voisins.

L'alphabet phonétique, dont nous faisons usage, est *a*; *bé* ou *beu*; *dé* ou *deu*; *é, ef* ou *fé*; *gué* ou *gueu*; *ache*; *i*; *el* ou *lé*; *em* ou *mé*; *en* ou *né*; *pé* ou *peu*; *o*; *er* ou *ré, ro* ou *ero*; *es* ou *sé*; *té* ou *teu*; *u, eu, ou*; *i kas* pour *x*; *zedeu, zedé*; *ka* représente le son dur du *c*, et *es* ou *sé* le son adouci; *ch* a une prononciation multiple : parfois *che*, d'autre fois gutturale

3

et particulière au celte, la *hota* espagnole en est la reproduction ; le *gh* allemand en approche, mais adouci; on le rend à peu près par *erc'h*, en aspirant l'*h* d'une façon particulière.

Il est à peine besoin de dire que, dans le celte comme dans les langues parlées, l'alphabet est loin d'être un agent muet et sans valeur. Base essentielle de l'édifice, il est à la hauteur de son rôle ; chaque son a plusieurs significations, mais fixes et constantes et parfaitement déterminées; l'euphonie est elle-même réglementée : elle peut s'exercer dans des conditions prévues et connues. L'arbitraire et la fantaisie n'ont de place nulle part, et plus d'un million de Français en font un usage quotidien. Les moyens de contrôle abondent d'ailleurs, pour l'état de conservation des divers dialectes dans plusieurs départements; la moindre bourgade, le moindre village isolé et la moindre parcelle de terre portent un nom à signification. La décomposition de ces noms, qui presque tous remontent à plusieurs siècles, est là pour montrer l'état parfait, actuellement encore, des bases de l'idiome et de ses radicaux. Les monosyllabes le sont également : nous n'employons qu'eux.

Remarquons aussi que ces sons ne sont que le *premier son vocal* de ces autres phrases celtiques, que les Grecs ont cru devoir adopter pour leur alphabet écrit, et cela bien à tort, pensons-nous. L'adoption des sons composés complémentaires *psi*, *ksi*, *fi*, et de leurs diphtongues, ont dû amener de nombreuses confusions, dont, nous en sommes convaincus, leur mythologie a été la conséquence, par suite de l'oubli de l'alphabet monosyllabique qu'ils suivaient à leur origine.

Platon, dans son *Kratyle*, dit en effet qu'à l'origine de la langue grecque, celle-ci ne différait pas sensiblement du celte.

Pour nous, avertis, la confusion sera facile à éviter. Partout où les Grecs ont passé, ou du moins leur littérature, si

un embarras se présente, en substituant l'appellation polysyllabique à la monosyllabique correspondante, nous sommes
sûrs de rétablir la vérité de la situation; l'effort n'est pas
grand, on le voit.

Nous savons bien qu'une école, avec raison juste admira-
trice des beautés sans nombre dues aux Grecs, fait dériver
le monosyllabe du polysyllabe alphabétique; mais, sans nous
arrêter à une discussion sans profit pour le but que nous
poursuivons, nous préférons, au lieu de nous attarder à des
discussions d'ancienneté d'idiome rappelant la question de
préséance des deux chèvres du fabuliste, nous préférons,
disons-nous, faire de l'alphabet monosyllabique un usage
remontant à une époque où les Grecs, en tant que nation,
étaient pour bien longtemps encore à l'état de projet, et où,
par suite, il était bien difficile qu'ils employassent celui d'où
il procéderait. Le premier emploi que nous puissions faire
de la valeur de l'alphabet phonétique et de la méthode que
nous suivons, nous est indiqué par les mots eux-mêmes qui
en désignent la composition et l'application, c'est-à-dire les
mots *voyelle, consonne* et *inscription*. En rendant à *c* le son *ka*
qu'il a en cette occasion, et à *y* sa valeur *u*, nous obtiendrons
voyelle : *ve-o-u-el-el-e*, ou *veo-uel-e-le* (sera haut sa loi), ou
veo-uel-ele (sera haute elle pouvait).

Consonne : *ka-o-en-es-o-n-en-e*, ou *kao-en-e-son-ene* (trouvera, dans son son celui-là), ou *kao-ene-son-ene* (trouvera celui-
là, son, celui-là).

Enfin inscription : *i-en-es-ka-er-i-pé-teu-i-o-en*, ou *i-en-es-
kaeri-pe-teuio-en* (là dans facile tu trouveras ce qui viendra
dans). Les trois réponses, pour être traduction littérale, sont
suffisamment catégoriques, nous l'espérons.

Continuons quelques exemples français, puisque nous y
sommes : Occident, *c* double correspond à *ch* et nous donne

oc'h-i-den-teu (en se retirant vient); Orient, *or-i-ent* (porte de sa route), ou *or-i-en-teu* (porte là dans vient). Le mot porte lui-même, *pe-or-teu* (avez porte vient). Quant au monosyllabe celtique *or*, il nous donne *o-er* (auras air), ou *o-ero* (en arrivant, en venant). Le mot rue, *er-ue* (air aussi), ou *eru-e* (il arrive); le mot bouche, *beo-uc'h-e* (vivant contre c'est), ou *be-o-uc'h-e* (il y aura contre c'est); le mot pied, *pe-ie-deu* (quand il allait, vient), ou *pe-ied* (quand vous allez), ou *pe-i-ed* (quand là allé); le mot gorge : *gue-o-er-gué*, ou *guéo-er-gué* (tombera air il tombe); le mot maison : *em-a-i-es-o-en*, ou *em-a-ieso-en* (besoin qu'il aille dans), ou *ema-ieso-en* (celui-ci ira dans).

Appliquons-la aux monosyllabes celtiques, après l'avoir essayée d'abord sur le nom des Celtes dans leur langue : *kel-tiec'h* ou *kel-tiek*, littéralement (légende, chef de famille) ou *kael-liek* (berceau, chef de famille), ou *kael-teui-ec'h* (berceau viendra en haut).

Pour les monosyllabes, prenons ceux dont l'emploi a dû être entre tous les plus anciens : *tad* (père), *té-ad* (toi graine, ou toi sème), *teu-ad* (vient graine), *té-a-dé* (toi au jour), *teu-a-dé* (vient le jour).

Mam (mère), *ema-em* (celui-ci, besoin), *em-a-em* (besoin et besoin, ou besoin autant l'un que l'autre), *e-ma-em* (il est besoin), *ema-emé* (celui-ci, celui-là), *ema-é-mé* (il est dans moi), ou *ema-é-mé* (celui-ci dans moi). Voilà tous les sens possibles; ils sont, pensons-nous, assez clairs.

Troad (pied), *te-ero-a-deu* (toi venir il vient); *dorn* (main), *dé-o-ren* (à eux, pour dompter); *tal* (front), *te-ael* (toi vent), ou *te-al* (tu peux), *te-a-el* (toi tu peux).

Skouarn (oreille), *e-skao-oua-er-en* (en frappant était air dans).

Doué (Dieu), *dé-oué* (jour il était), *dé-o-ué* (jour sera aussi), *deo-ué* (à eux aussi). *Diaoul* (esprit du mal, diable), *dé-ia-o-uel* (à eux va à leur hauteur), ou *dé-iao-uel* (à eux ira haut), ou *dé-iao-uel* (jour ira haut).

Ifern (enfer), *i-fe-ero-en* (son mépris arrive dans), *i-fe-e-ren* (son mépris il dompte, maîtrise, mâte, il conduit), *i-feren* (sa poire, son fruit), euphonie habituelle de *i-peren*; enfin, *iefer-en* (vous iriez dans), conditionnel de aller.

Nous multiplierions les exemples comme toujours sans arriver à un autre résultat que la preuve du mot portant avec lui l'expression bien sincère de la pensée créatrice.

Voyons maintenant les mots exprimant la même idée dans deux dialectes différents, et nous verrons, en appliquant la méthode analytique, que cette différence est purement de forme.

Jupe veut dire *broz, bros*, ou *zé*, ou *sé*. Décomposons la plus longue de ces inscriptions, nous obtiendrons *ber-o-zé-dé* (courte leur jupe à eux), ou *ber-o-sé* (courte leur jupe); c'est l'expression de la vérité. En partie, les Celto-Bretons portent la jupe courte, les autres l'ont longue.

Esom et *em* (besoin), nous donne de même *eso-em* (il y a besoin).

Glao et *glo* (pluie), *guelao* (des larmes), *guelo* (pleurera). On le voit, le fond reste le même si les détails changent.

Pour des langues qui passent pour différentes, les faits se passent identiquement de même. *Bragou* (culottes), *ber-a-gueou* (courte elle tombera) ; le correspondant français *braie*, *ber-a-ié* (courte elle va) ; le latin *bracca* ou *bracæ : ber-ac'h-a* (courte elle va, ou courte-coffre-va), et *ber-a-kae* (courte elle trouvait); enfin le grec *brakos*, *ber-a-koes* (courte elle tombe), ou *ber-a-kao-es* (courte il trouvera facile).

On le voit, si les accessoires changent et la forme, par
suite, s'appropriant au tempérament ou aux convenances de
chaque peuple, le fond reste le même. Que fait le nombre
de roues que peut avoir un véhicule, ou sa forme, au principe de la locomotion. Que la voilure varie avec les conditions dépendant du climat, ou d'autres causes, les navires
marchent toujours en obéissant aux mêmes conditions géné-
rales de statique et de force motrice.

Nous l'avons déjà dit, l'inscription porte toujours avec
elle sa signification d'ensemble et de décomposition partielle,
qui est la reproduction fidèle de la pensée qui a présidé à sa
formation ; mais ce certificat d'origine est bien plus facile à
retrouver, quand un fait fabuleux, légendaire ou historique
est là pour abréger les recherches ; le fait et l'inscription sont
là permettant d'exercer un contrôle réciproque, permettant
aussi de constater une altération, si elle s'est produite chez
l'un ou chez l'autre dans la transmission jusqu'à nous.

Nous ignorons quel nom portait Miltiade avant Marathon,
c'est-à-dire avant d'être célèbre ; mais nous pouvons savoir
immédiatement que Miltiades donne *Mil-ti-a-deues* (Milet,
maison tu venais), on l'appela en effet homme de Milet, sa
ville d'origine, ou *Mil-te-i-a-deues* (Milet, toi là tu venais).

Pour Cicérou, plus heureux, nous savons qu'il s'appelait
Marcus Tullius ; ce nom nous importe peu ; mais le surnom
de *Kikero*, comme l'on prononçait alors, lui venait d'un pois
chiche ou excroissance charnue qu'il avait sous le nez, cou-
ramment en celte *kik-ero* (chair qui arrive), et le chiche du
pois *kik-e* (chair c'est) ; ce qui prouve que le Français chiche
est aussi une inscription celtique, faite peut-être comme
M. Jourdain faisait de la prose, sans le savoir et sans le
vouloir.

César ou Sæsar s'appelait Caius Julius, et le nom de

César un surnom qui passa à son héritier pour devenir le titre de ses successeurs. *C* a le son d'un *s*, rendons-le lui : *Sae-sar* (robe ferme) ; il est au moins digne de remarque que dans trois circonstances marquantes de sa vie, où son existence a été en péril, nous trouvons cette robe mentionnée, *er-o-beu* (air j'aurais). Une première fois, Sylla en le voyant portant pour la première fois la robe virile, dit : « Je me défie de ce jeune homme à la robe flottante. » Il n'était pas bon d'inspirer de la défiance au proscripteur. Une seconde fois, il veut, déguisé en femme, au péril de ses jours, arriver à connaître les mystères de la bonne déesse. Une troisième fois, enfin, en se voyant frappé par Brutus, il se voile la face avec sa robe, et son exclamation quelle est-elle ? *Tu quoque Brute ?* Reconstruisons-la par notre méthode, en nous rappelant que *q* en celte est remplacé par *ch*, nous aurons : *Te-u-ch-u-o-ch-u-e-be-er-u-te*, ou *te-uc'h-oc'h-ue-Brute* (toi contre aussi, tu es, Brute), ou *te-uc'h-voc'h-ue-be-eru-te* (toi, contre vous êtes, tombeau, arrive toi).

Dans son Rubicon et *Alea jacta est*, nous n'aurons pas plus de difficultés. *Er-u-be-i-ch-o-en*, ou *eru-beic'h-oen* (arrivé, grand embarras, anxiété, responsabilité, ils étaient), ou *eru-beich-oen* (arrivé une partie chemin ils étaient) ; ces deux sens sont à la lettre suivant l'apostrophe du premier cas, ou sa non existence dans le second qui fait qu'on dirait pour le premier *beirc'h* et *beiche* pour le second.

Quant à *Alea jacta est*, le *j* n'existe pas en celte, *i* le remplace, et nous aurons *a-el-e-a-i-ach-teu-a*, ou *ael-e-a-iac'h-teua* (le vent, c'est, sainement, vigoureusement, sans hésiter il vint), ou *a-ele a-iac'h-teua* (il pouvait sainement, vigoureusement, sans hésiter il vint).

L'origine latine nous fournit également des exemples nombreux et concluants. Voyons-en quelques-uns.

La vestale Sylvia, mise à mort à là suite de ses amours avec Mars ; remplaçons *y* par *u* : *es-u-el-ve-ia*, ou *e-su-el-ve-ia* (à son côté être surnaturel, céleste est, oui), ou *sulvya* (quelquefois, parfois), et Mars *em-a-er-ou-ero-es*, soit *em-a-roes* (tu te donnas), *ema-è-roes* (celui-là te donna), *em-a-e-roes* (besoin que tu te donnasses), ou *e-maro-e-roes* (sa mort tu donnas).

Romulus et Rémus, portés par le vent et le courant jusqu'au mont Palatin, recueillis par Faustulus qu'attire leurs cris ; celui-ci les trouve allaîtés par une louve et les donne à sa femme Acca Larentia.

Palatinus : *pe-a-el-a-teu-i-en-ou-es*, ou *pe-ael-a-teui-e-noues* (quand du vent viendront tout nus), ou *pea-ela-teuié-noues* (récompenser, payer, pouvait, venaient nus).

Faustulus : *ef-a-ou-es-teu-ou-el-ou-es*, ou *e-faoues-teuo-uel-oues* (sa femme viendra haut ruisseau), ou *efa-oues-teu-o-uel-oues* (boire tu étais, viendra haut ruisseau), ou *efa-oues-teu-ouelo-ues* (boire tu étais, vient, pleurera aussi).

Et Acca Larentia (*c* double est *ch*) : *a-ch-a-el-a-er-en-teu-i-a*, ou *ac'hael-aer-en-teuia* (le berceau serpentant dans vint), *ac'hael-a-er-en-ti-ia* (le berceau sans s'arrêter dans la maison va), ou encore *ac'h-a-ela-er-a-en-teuia* (le coffre put sans s'arrêter là il vint), ou encore *ac'h-a-e-laer-en-teuia* (coffre en voleur, en tapinois, en cachette dans vint), *ac'h-a-e-laë-en-teuia* (coffre pour les tuer dans vint), ou enfin *ac'h-a-elaë-roen-ti-ia* (coffre en haut, à l'étage, au grenier, donnèrent maison, il va).

Romulus, *ero-em-u-el-ou-es*, ou *eroem-uel-oues* (arrivâmes haut ruisseau).

Remus, *er-e-em-ou-es*, ou *e-ree-moues* (il fit voix).

Le récit est complet : *lupa* et *lactare*, allaiter, y joindront quelques détails. Lupa, *el-ou-pe-a*, ou *el-ou-pea* (pourra vous payer, vous récompenser), et lactare, *c* est un *ch*, et nous avons *el-a-ch-teu-er-e*, ou *elac'h-teuer-e* (vous pouviez, vous veniez c'est), ou *el-ac'h-teu-e-re* (peut le coffre vient les siens), ou enfin *el-ac'h-teu-er-e* (peut le coffre vient, sans s'arrêter c'est).

Nous ne trouvons nulle part trace de l'allaitement par une louve; cette dernière y perdra un peu de son prestige, mais le récit y gagnera en sincérité en devenant plus vulgaire.

Numa et son Egérie, *en-ouma-e-guer-ie* (dans celle-ci sa parole allait).

Scœvola et Porsena, *es-ka-o-e-ve-o-el-a*, ou *e-skao-e-veo-ela* (il frappe, il sera, il pourra), *es-kao-e-ve-o-ela* (facile trouvera, il est, il pourra), ou *e-skao-e-voela* (il frappe en pleurant en gémissant), *e-skao-e-voel-a* (en frappant sa hache de). Porsena, *pors-ena* (cour dans la), ou *pe-or-e-sena* (quand vous êtes à se retirer), ou enfin *pe-or-es-ena* (quand porte facile dans).

Les mots usuels reçoivent les mêmes applications cela va de soi.

Fauces, gorge, *ef-a-uc'h-es*, ou *efa-uc'h-es* (boire contre facile).

Manducare, manger, *em-a-en-de-u-ch-a-er-e*, ou *ema-end-e-uc'h-a-er-e* (celui-ci chemin c'est, contre air c'est).

Bibere (boire), *be-i-be-ere*, *bei-beere* (elle coulait).

Pour la Grèce et sa Mythologie, tout se passe aussi de la même manière. Nous verrons encore l'ensemble des inscriptions (que nous prenons pour des noms propres et qui le sont en effet depuis), relatives à un fait épisodique quelconque, être le récit de ce fait lui-même. Le nom premier des personnages qui y ont été mêlés a disparu depuis bien longtemps, que le récit de l'événement existe toujours dans sa forme primitive de la sorte.

Lycaon changé en loup; *y* est un *u* et le *c* un *c'h;* nous avons *el-u-ch-aon,* ou *e-luc'h-aon* (dans la lumière peur), ou *el-uc'h-aon* (peut contre peur), ou *el-uc'h-ʌon* (être surnaturel, céleste, contre peur), ou *el-uc'h-a-oen* (être céleste, contre, ils étaient).

Mettons *lamda* au lieu de *l* et nous aurons *e-lam-deua-uc'h-aon* (en sautant, en boudissant venait contre peur), ou *elam-deua-uc'h-aon* (nous pouvions, venait contre peur), ou *e-laem-deua-uc'h-aon* (nous le tuâmes, venait contre peur). Le sens de la première inscription change, on le voit, immédiatement de caractère et les faits sont dénaturés; en restant, au contraire, dans les premières limites, on retrouve toujours le fait anecdotique avec ses proportions vulgaires. Nous en ferons d'ailleurs d'autres applications à l'occasion.

Aristote, Alexándre et l'épisode de Bucéphale nous donneront, si nous donnons à *fi* le son de *ef,* pour Bucéphale, *beuchefale,* *beuch-e-fale* (vache il voulait), ou, *beou-kef-ale* (vaches, tête, pouvait); mais si, au contraire, nous laissons à Bucéphale *ph* avec leur valeur phonétique habituelle, nous avons le récit complet avec les trois noms ci-dessus de l'épisode de la rétivité du cheval et de la perspicacité d'Alexandre lui faisant marcher dans tous les sens. *Buchephale* nous donne : *be-u-ch-e-pe-ach-a-el-e,* ou *be-uc'h-e-peach-a-ele* (sois contre, en paix, il pouvait).

Alexandre; rendons *x* par le son *ikas,* nous aurons *a-el-e-ikas-a-en-de-er-e,* ou *a-ele-i-kas-a-end-e-er-e* (il pouvait l'envoyer par la route sans s'arrêter, c'est), *ael-e-i-kasa-en-de-e-re* (le vent c'est, là l'envoya dans jour, des siens, ou il faisait); et Aristote, *a-er-i-es-te-o-teu,* *a-er-ies-te-o-teu* (sans t'arrêter tu vas, toi, tu viens).

Prométhée et son larcin céleste. *Pe-er-o-em-e-te-ach-ee,* ou *pe-ero-ème-teac'h-ee* (quand arrive celui-ci s'en allant ou fuyant ciel).

Ptolémée et son système sidéral. *Pe-te-o-ll-em-ee*, ou *pet-eol-em-ee* (combien soleil besoin ciel).

Drakon et ses cruautés. *De-er-a-ka-on*, ou *de-e-ra-kaon* (à eux il fait deuil).

Ariane. *A-er-i-a-en-e*, ou *a-er-ia-ene* (sans s'arrêter va celui-là), ou *aer-ia-en-e* (en serpentant, couleuvre va dans, c'est), ou *a-e-roia-ene* (elle se donna, celui-là).

Egée, *é-guée* (il tomba). Gedanor, *ged-an-or* (guette la porte); c'est du celte pur; nous les citerions à l'infini et toujours avec la simple synthèse habituelle.

Homère, au dire de ses traducteurs, a donné à ses héros des noms empruntés à leurs aventures. Troie, en effet, veut dire *tourner*, ou *te-ero-ie* (toi arriver tu allais). Vénus, *ve-e-noues* (qui va nue). Priam, *pe-e-roi-a-em* (ou de la donner est besoin), ou *pe-è-roïaem* (ou nous la donnerions). Paris, *pe-a-roïes* (ou que tu la donnasses), et ainsi des autres.

Vulcain, *ve-ou-el-chaïn*, ou *ve-ouel-chaïn* (est à forge, languir, avoir de la misère). Cyclope, ou *ka-ou-ch-el-o-pe*, ou *kao-uc'h-e-lope* (cave contre en frappant sur l'enclume), ou *kao-uc'h-e-lope* (trouve contre en frappant sur l'enclume). *Lope* est le sens de frapper sur l'enclume exclusivement; dauber, assommer, en celte *esko*, ou *skao*, veut dire frapper d'une autre façon.

Le sphinx nous donne *es-pe-ach-i-en-ikas* ou *es-pe-ache-en-i-kas* (facile quand tu iras dans le renvoyer), ou *es-peac'h-i-en-i-kas* (facile paix là dans il envoie), ou *espe-ache-en-i-kas* (malgré iras dans là envoyer), *es-peach-i-en-i-kaes* (facile piége là dans tu trouvais). Nous n'avons pas voulu manquer ce dernier exemple où pas une seule des consonnes n'est employée avec sa valeur phonétique réelle et où, par suite, les mutilations répétées donnent à l'inscription une physionomie méconnaissable pour qui n'a pas la clef. Mausolée est à demi-tronqué. *Em-a-ou-es-o-lée*, ou *e-maoues-o-lée* (sa femme pleurait). Aristophane aussi a donné dans ses *Nuées*, à ses personnages, des noms pris dans le sujet. Strepsiade, débiteur de mauvaise foi, demande à Socrate comment rester facilement sans payer ses dettes à l'échéance, *es-te-er-e-pe-es-i.a-de*, ou *es-te-e-re-pes-ia-de* (facile toi, il fait ce qui va jour).

Ses mauvais procédés sont punis, son fils les lui applique à son tour ; furieux alors il fait à son esclave Kanthias monter avec une hache sur la maison, et, par vengeance, l'abattre pour le punir à son tour de ses conseils, *kan-ti-a-es* (battre maison facilement), ou *kan-te-iaes* (battre toi allais) ; mais il y a encore un fait à remarquer, Kanthias s'écrit par *th* ou *teta* et nous avons pour *th kanteachiaes*, ou *kan-te-achi-a-es* battre tu iras facilement), ou *kan-teac'h-iaes* (battre chasser tu allais), et pour *teta* ou *te-teua*, *kan-te-teua-ia-es* (battre toi vins, oui facilement), et Strepsiade décomposé d'une autre façon donne *e-strep-e-si-a-deu* (sa faucille, sa serpe à sa maison vient). *Strep* est la serpe ou faucille à couper du bois, et *fals* la faucille à couper du blé.

Le nom mythologique Phallus que l'on prononce *ph* ou *ef* nous donne *e-fal-lous* (est mauvais, sale), ou *peac'ha-ele-lous* (pécher pouvait sale).

Phalere est dans le même cas, *e-fal-er-e* (dans mauvais air est), ou *pe-ach-a-el-e-re*, *peac'h-ael-er-e* (paix, tranquillité de vent air c'est).

La Bible à son tour va nous fournir un champ très-vaste d'essai à toutes les époques et là encore notre analyse alphabétique trouvera son application.

Adam, — Ève ou Eva, — Caïn, — Abel, — Seth, — Démon, — Paradis, — Eden, autant d'inscriptions faciles à traduire et récit encore du fait rendu dans la Genèse et sans recomposition presque sensible : *Adam-e-ve-e-den* (Adam c'est son nomme) ; c'est toujours littéralement que nous traduisons, ou *Adam-e-vea-e-den* (Adam sera son homme), *ada-em* (semer besoin), *ada-em-e-vea* (semer besoin il sera).

A-dam-a-bel-e-den-chaïn (allons au loin nous retirer, misérer, languir), *Adam-e-ve-es-teac'h-a-bel-chaïn* (Adam il est facile le chasser, le renvoyer au loin, misérer). Seth donne *es-e-teac'h* (facile s'en aller), c'est le mot que nous venons de faire intervenir à son tour. *Adam-e-ve-e-den* (Adam est à se retirer), *ada-em-e-ve-ed-en* (semer besoin il serait blé dans).

Paradis, en celte *Paradoz*, ou *Baradoz* donne dans les deux cas, *pe-a-er-a-deuo-es*, ou *pe-aer-a-deuo-es* (vous aurez couleuvre, viendra facilement), ou *pea-e-ra-deuo-es* (payer il fait viendra facile), ou *pea-er-a-deuo-es* (payer sans s'arrêter il viendra facilement); si c'est par un *z*, nous aurons en plus des inscriptions ci-dessus, *pe-aer-deuoz-e-de* (vous aurez couleuvre qui viendrait à eux); si, au contraire, nous prenons *Barados* nous obtiendrons, *bea-era-deo-es* (être il fait eux facile), ou *bara-deo-es* (du pain à eux facile). On le voit, là encore la méthode s'applique avec la même facilité et la même précision.

Loth et sa femme, les villes détruites. Loth, *el-o-teac'h*, ou *elo-teac'h* (pourra s'en aller, fuir), ou *el-o-teac'h* (être surnaturel qui fuit, s'en va).

Seboïm *es-e-be-o-i-em*, ou *es-e-beo-iem* (facile, vivants ou en vie nous irons). Sa femme changée en sel, mais *sel* veut dire regarde, en celte, et *e-sel* en regardant.

Noé, ses trois fils et son ivresse, *eno-e* (dedans est), *en-oe* (dans était); Cham, *cha-em* (nous trouvons); Sem, *es-em* (tranquille sommes), ou *e-se-em*, (robe besoin); Iaphet *i-a-peac'h-e-teu* (là en paix il vient), ou *i-a-peac'het-e* (là un péché c'est), ou *ia-pe-achet-e* (ou quand vous iriez c'est), ou *i-a-peach-e-teu* (là un piége vient).

Goliath *guco-eli-a-teac'h* (tomber pourras en fuyant), ou

gueol-ia-teac'h (sur la bouche va s'en aller, fuir (*goli-a-teac'h* (perdra en fuyant).

Samson et Dalila *sam-son* (faix sans fléchir, droit, raide), *e-sam-e-son* (se charge en restant droit sans fléchir), comme plus tard nous verrons *sam-uel* (charge haute) ; Dalila, *dal-i-ela* (aveugle il pouvait).

Holopherne *ach-o-lo-pe-ach-er-en-e*, ou *a-c'holo-peac'h-e-re-ene* (il perdra paix des siens celui-là).

Noémi *e-no-em-i* (elle aura besoin d'elle ou là). Ruth *eru-teac'h* (il arrive va-t'en, ou *eru-te-ac'h* (arrive toi coffre à blé).

Nous prenons nos exemples au hasard.

Nabuchodonosor, Babylone et *mane tecel phares*. Nous rendons à *c* de *tecel* le son *s* qu'il a.

Nabuchodonosor, nous le savons déjà : *En-a-be-uch-o-deu-o-en-o-sor*, *ena-beuc'h-o-deuo-en-o-sor* (là dans vache viendra à leur porte).

Mane, tesel, fares par le son *f*, *em-a-en-e-te-sel-ef-a-r-es*, ou *ema-en-e-te-sel-efa-re-es* (il est dans ciel, regarde, toi boire trop facile). Mettons le son *ro* pour *r*, nous aurons *e-ma-en-e-te-sele-faro-e-es* (il est dans ciel, toi regardait mort est facile). Mettons *sigma* pour l'*es*, nous aurons *ema-en-e-te-sele-faro-e-si-gue-ema* (il est dans ciel, te regardait mort dans sa maison, tombait celui-ci). Si, au contraire, nous écrivons *peach* pour *ph* nous obtiendrons, *ema-en-e-te-sel-peac'ha-res* (il est dans ciel, regarde tu pèches trop).

Babylone, *bea-beou-e-loen-e* (être vivant en bête c'est).

Nous venons de voir là un nouvel exemple des modifications au sens anecdotique général par l'immixtion des caractères ou sons polysyllabiques grecs, et n'oublions pas que la Bible a été traduite en grec dégénéré sous le règne de Ptolémée Philadelphe.

La période du Christ nous donnera des exemples analogues :

Golgotha, *gue-ol-gue-o-te-ach-a*, ou *gueol-gue-o-teac'h* (bouche tombe en fuyant, s'en allant), ou *gueo-el-gue-o-teac'ha* (tombé il peut, tombe en s'en allant, ou tombera, ange tombe en fuyant, s'en allant).

Calvaire, *kalve-a-ier-e* (charpentiers qui allaient c'est), ou *kalve-aï-e-re* (charpentier iront les siens), ou *kalvea-ier-e* (charpentiers allaient c'est).

Krist, *kaer-ies-te* (beau tu allais toi), ou *kaer-i-es-teu* (beau, la foule vient).

Jésus, *i-e-su-es* (là à son côté, tranquille, facile).

Pilate, *pilat-e* (il est abattu, terrassé), ou *pe-eil-a-teu* (quand le second vient).

Kaïphe, *ka-i-pe-ache*, *kai-pe-ache* (trouverez quand vous irez), ou *kai-peac'he* (trouverez, il blasphémait).

Emmanuel, *em-ema-en-uel* (besoin, celui-ci en-haut).

Ces exemples, nous les multiplierions autant qu'on le voudrait, et toujours de la même façon; prouvant ainsi que toutes les langues parlées par les fils de Japhet rentrent dans l'orbite de l'alphabet primitif, que tous peuvent réclamer à juste titre pour ascendant, sans question de préséance pour aucun. C'est donc lui, avec les règles qui le régissent, et quel que soit le nom dont on croirait devoir le baptiser, qui serait la langue-mère dont les autres procèdent.

Il nous a semblé bon d'appeler l'attention des personnes compétentes sur ce fait et sur ses conséquences : 1° une méthode mnémotechnique qui a fait ses preuves pendant des siècles, permettant à tout un peuple de se passer de l'écriture ; 2° la possibilité de jeter de la lumière sur des points douteux de l'histoire par l'étude sérieuse des inscriptions qui s'y rapportent, surtout sur cette saturnale anecdotique qui s'appelle la mythologie ; enfin un acheminement vers la confirmation du point de la *Genèse* qui nous parle de l'unité d'homme et de l'unité de langue primitive.

Le sanscrit nous dirait le dernier mot sous ce rapport, si sa source est commune, si son alphabet est le même et avec la même valeur phonétique.

Le croyant, avec sa foi, attribue l'origine du langage à la révélation. Le sceptique, à l'esprit d'invention stimulé chez l'homme par la nécessité. Sur le terrain de l'analyse pure que nous nous sommes efforcé de ne jamais quitter, tous deux peuvent être à l'aise. L'un ne doit pas craindre la lumière, l'autre peut la désirer.

Brest. — Imp. J. B. Lefournier aîné, Grande-Rue, 86.

9 782329 647357